DE NOITE NO BOSQUE

Diretoria de conteúdo de inovação pedagógica Mário Ghio Junior
Diretoria editorial Lidiane Vivaldini Olo
Gerência editorial Paulo Nascimento Verano
Edição Elza Mendes

Arte
Ricardo de Gan Braga (superv.), Soraia Pauli Scarpa (coord.) e Thatiana Kalaes (assist.)
Projeto gráfico Thatiana Kalaes
Ilustrações Bruno Nunes

Revisão
Hélia de Jesus Gonsaga (ger.), Rosângela Muricy (coord.), Gabriela Macedo de Andrade e Brenda Morais (estag.)

Iconografia
Silvio Kiglin (superv.), Cesar Wolf e Fernanda Crevin (tratamento de imagem)

CIP-BRASIL. CATALOGAÇÃO NA FONTE
SINDICATO NACIONAL DOS EDITORES DE LIVROS, RJ

M129n

Machado, Ana Maria, 1941-
De noite no bosque / Ana Maria Machado ; ilustrações Bruno Nunes. - 1. ed - São Paulo : Ática, 2015.
32p. : il. (Abrindo Caminho)

ISBN 978-85-08-17160-6

1. Conto infantojuvenil brasileiro. I. Nunes, Bruno. II. Série.

15-19701 CDD: 028.5
CDU: 087.5

ISBN 978 85 08 17160-6 (AL)
ISBN 978 85 08 17161-3 (PR)
Código da obra CL 738784
CAE 544421 (AL)
CAE 544422 (PR)

2024
1ª edição
9ª impressão
Impressão e acabamento: Bartira

editora ática
Direitos desta edição cedidos à Editora Ática S.A., 2015
Avenida das Nações Unidas, 7221 - 3º andar
Pinheiros - São Paulo - SP - CEP 05425-902
Tel.: 4003-3061 / atendimento@atica.com.br
www.atica.com.br

DE NOITE NO BOSQUE

Ana Maria Machado

Ilustrações Bruno Nunes

editora ática

Felipe gosta de brincar com os colegas na escola.

Mas também gosta quando as aulas acabam no fim do dia e é hora de ir para casa com a irmã mais velha.

Ele e Gabi voltam juntos, se distraindo com muita coisa legal pelo caminho.

Depois que tomam banho e mudam a roupa, vão brincar um pouco até a hora do jantar.

Uns dias a mãe cozinha. Outros dias é o pai. Depende de quem chega primeiro do trabalho.

E todo mundo ajuda um pouco.

Louça lavada e tudo arrumado, às vezes Felipe estuda um pouco.

Outras vezes, vê televisão ou brinca. Até a hora de ir dormir.

Isso é que não muda, desde que ele e Gabi eram pequenininhos e nem sabiam ler.

Botar pijama, escovar dentes e ir para a cama.

Antes, o pai lê alguma história para eles. Ou a mãe. Pode ser também um pedaço de um livro comprido, que continue noutra noite.

Mesmo se Lipe ou Gabi adiantam um pouco da leitura durante o dia.

É que eles agora já sabem ler. Mas nessa hora é como se não soubessem.

Gostam de ficar ouvindo, quietinhos, imaginando a história, sentindo os olhos fecharem, o sono chegar.

Quando estão quase dormindo, o pai ou a mãe fecha o livro.

Uma ajeitadinha nas cobertas, um beijo na testa.

E a luz do corredor acesa, como criança gosta.

Mas ontem foi diferente.

Quando Felipe e Gabi chegaram, tinha um bilhete da mãe:

Vou sair mais tarde do trabalho. Seu pai vem comigo. Não nos esperem para jantar. Tem empadão de frango e arroz na geladeira, é só esquentar.

Os dois irmãos adoraram. Iam fazer o jantar sozinhos. E fizeram direitinho. No micro-ondas. Depois, viram televisão até os pais chegarem. Bem mais tarde.

Gabi e Lipe até já tinham cochilado um bocado no sofá.

— Por que vocês ainda não foram dormir? — estranhou a mãe.

— Ficou faltando a história — disse Gabi.

— Ah, não, hoje não vai ter história — respondeu a mãe, se preparando para deitar, enquanto o pai, já de pijama, se metia na cama.

— Passou da hora. O trânsito estava difícil — explicou o pai. — Estamos muito cansados.

Então Lipe teve uma ideia:

— Vai ter, sim. Hoje é nossa vez. A gente conta história para vocês.

— Não precisa — disse o pai, bocejando e já deitado.

Lipe e Gabi foram buscar uma porção de livros para escolher o que iam contar.

A mãe voltou do banheiro e se deitou também.

Os filhos sentaram na beirada da cama, cada um de um lado, e começaram.

Primeiro, Lipe:

Era uma vez uma menina que vivia com a mãe perto de uma floresta. A avó dela morava numa casinha no outro lado do bosque, e estava doente. Então a mãe fez um bolo, separou um vidro de geleia e umas frutas, arrumou tudo num cesto que entregou à menina e disse: “Minha filha, preparei um lanche para sua avó que está doente. Vá lá levar para ela. E se agasalhe: vista aquela sua capa com chapeuzinho vermelho...”

Mas Lipe também estava com sono. Parou um instantinho para descansar, e Gabi continuou, pegando um livro:

Depois de andar um pouco pelo bosque, a menina chegou a uma clareira onde havia uma casinha linda, toda de madeira, com a porta entreaberta e uma fumacinha saindo pela chaminé. Entrou e viu que em cima da mesa havia três tigelas de mingau: uma bem grandona, outra média e outra pequenininha. É que naquela casa moravam três ursos que tinham saído para dar uma volta enquanto o mingau esfriava e...

Bem nesse momento, quem parou para bocejar um pouquinho foi Gabi. Com o silêncio, Lipe acordou e, para disfarçar, foi logo dizendo:

... e então, apareceu um lobo que estava escondido atrás da árvore...

Mas ele desconfiou que tinha cochilado enquanto a irmã lia. Aquele pedaço da história já devia ter passado. Perguntou a Gabi:

— Onde foi que você parou?

— No pedaço da casinha que ela encontra no bosque — a irmã respondeu. — Bem quando ela entra e encontra tudo arrumado.

E aproveitou para tentar cochilar um pouquinho enquanto Lipe continuava.

O irmão percebeu que já estavam em uma nova história de casinha e bosque. Procurou outro livro entre os que estavam espalhados na cama e foi em frente:

Uma casinha tão pequenina e bem arrumadinha... Em volta da mesa, havia sete pratos e sete canecas, diante de sete cadeirinhas, como se os donos da casa já tivessem deixado tudo pronto para comer quando voltassem. Depois de comer, ela subiu a escada e, lá em cima, viu sete camas pequeninas e bem arrumadas. Em cima de cada cama, havia escrito o nome do dono: Dunga, Dengoso, Atchim, Zangado, Feliz, Mestre, Soneca. Ela lembrou que estava cansada e podia dormir um pouco naquela casinha linda...

Felipe achou que podia aproveitar e dormir um pouquinho também. Só disse assim:

– Continue você agora, Gabi.

Gabi pegou outro livro, procurou onde estava escrito *casinha linda* e continuou:

A casinha mais linda que alguém pode imaginar, bem no meio do bosque. Os tijolos eram de goiabada. As telhas, de chocolate. As vidraças, de açúcar-cândi. Antes que Maria pudesse dizer qualquer coisa, João já tinha tirado um pedacinho de um tijolo para comer. E então ouviram que vinha lá de dentro uma voz que arrepiou as crianças e todos os animaizinhos do bosque.

— Zzzzzzzzz...

Não, não era essa a voz. Isso era alguém ressonando.

Foi a vez de Gabi cabecear de sono.

Ainda bem que Lipe logo acordou. E pôde seguir adiante:

"Estou com fome! Quero comer! Sinto cheiro de carne humana!"

Era a voz do gigante, que acabara de chegar em casa. Enquanto a mulher dele inventava uma desculpa, o Pequeno Polegar se encolheu com os irmãos debaixo da cama, bem acordado, pensando que talvez fosse mais seguro ter ficado lá fora na tempestade e na escuridão do bosque em vez de ter pedido abrigo naquela casa.

Mas estava difícil Lipe ficar bem acordado.

Mal deu tempo de cutucar a irmã para que ela abrisse outro livro enquanto ele dava mais uma descansadinha.

Gabi então foi olhando as figuras até encontrar um bosque. E continuou a contar:

A chegada da primavera transformava o bosque. Por toda parte surgiam flores, brotavam folhas, passarinhos faziam ninhos. E nasciam filhotes — de coelhos, de esquilos, de gambás. Mas nenhum foi saudado com mais entusiasmo do que Bambi, o novo príncipe da floresta. Todos os animais, grandes e pequenos, vinham de longe cumprimentar.

Lipe, de olhos fechados, ouviu aquilo de animais grandes e ficou pensando se o Lobo também estaria ali entre eles. Mas qual? De qual bosque? O Lobo dos três porquinhos? O de Chapeuzinho Vermelho?

Teria de pegar o livro certo e estava meio desligado. Os seus preferidos eram os lobos que viviam em uma floresta imensa, com tigres, ursos, panteras, mas que eram protetores de Mogli, o menino que eles criaram. Será que já estava na hora de contar essa história? Melhor deixar que Gabi continuasse enquanto ele dormia mais um pouquinho. Entregou a ela o livro que tinha pegado, mas ficou calado.

E ouviu a voz da irmã, lendo a página em que abriu:

Naquele ponto o bosque foi ficando tão cerrado e denso, quase impenetrável, tão cheio de espinhos e roseiras, que o príncipe teve de descer do cavalo e seguir a pé, abrindo caminho com sua espada. De repente, chegou a uma clareira onde encontrou a Bela Adormecida e ficou maravilhado com tanta beleza.

Lipe abriu os olhos e viu, bem à sua frente, a mãe dormindo, tão bonita quanto qualquer princesa. Dava mesmo vontade de dar um beijo. Ao lado dela, o pai ressonava.

O menino se virou para Gabi e sugeriu:

— Vamos deixar os dois dormindo? Acho que eles estão com sono.

— Nós também — concordou a irmã. — Daqui a pouco vamos misturar tudo quanto é história de bosque.

Então as crianças recolheram os livros espalhados, ajeitaram bem as cobertas dos pais, deram um beijo na testa deles, apagaram a luz, saíram do quarto e fecharam a porta.

Foram dormir também.

E nessa noite, nem deixaram a luz do corredor acesa.

Não sei se esqueceram ou se acharam que não precisava. Que eles agora já eram quase gente grande. Gente capaz de ler. E de contar as próprias histórias.

Mesmo se elas às vezes se misturam um pouco.

É bom. Ficam até mais divertidas.

HISTÓRIAS E BOSQUES DE LIPE E GABI

CACHINHOS DOURADOS

Cachinhos Dourados passeia pelo bosque quando vê uma casinha de madeira. Entra sem ser convidada. Come a comida que encontra, quebra uma cadeira... Dorme gostosamente na melhor cama quando chegam os donos da casa: três ursos, que ficam muito bravos com a pequena invasora.

História do folclore europeu, escrita pelo poeta inglês Robert Southey. Depois surgiram outras versões, inclusive a contada por Gabi.

CHAPEUZINHO VERMELHO

No bosque da Chapeuzinho Vermelho mora um Lobo muito mau. Certo dia, a menina, ao atravessar o bosque, depara com ele, faminto e já à espreita. Ela, inocente, lhe conta estar levando frutas e doces para sua vovó doente. O Lobo, mais que depressa, corre para a casa da vovó...

Essa versão é dos irmãos Grimm (Jacob, 1785-1863; e Wilhelm, 1786-1859), que coletaram muitas histórias da tradição oral europeia, revisaram e publicaram o primeiro livro de contos

BRANCA DE NEVE E OS SETE ANÕES

A rainha morre ao dar à luz uma menina branca como a neve. Tempos depois, o rei se casa com uma mulher linda, que se mostra má e com inveja da beleza de sua enteada, Branca de Neve. Não pensa duas vezes e manda o caçador matar a garota. Com dó de criatura tão inocente, o caçador a incentiva a fugir para o fundo do bosque. Ela corre, corre pela mata assustadora, até avistar uma casinha...

Essa também foi uma das histórias recolhidas pelos irmãos Grimm e publicada em 1812.

JOÃO E MARIA

Por falta do que comer, a madrasta convence o marido a abandonar os filhos João e Maria no bosque. Depois de muito andar, os irmãos, famintos e cansados, encontram em pleno bosque uma casinha que é o sonho de toda criança: cada pedacinho dela construído com um doce diferente. Dentro da casinha,

Outro conto dos irmãos Grimm coletado da tradição oral. Em vez de João e Maria, as crianças chamavam-se Hansel e Gretel.

O PEQUENO POLEGAR

Abandonados na floresta pelos pais, que não tinham como sustentá-los, os sete irmãos quanto mais procuram o caminho de casa, mais se perdem.

Anoitece, chove e faz frio, os meninos choram de medo e fome. O menor deles, o Pequeno Polegar, sobre uma árvore, avista uma casinha ao longe. Lá chegam e pedem ajuda. Um ogro terrível habita o lugar.

História dos irmãos Grimm, incluída no livro de contos de fadas, de 1812.

BAMBI

Ele é um cervo fofo que nasce e cresce no bosque. Faz grandes amizades entre os animais. Apesar de todos os perigos do mundo em que vivem, Bambi e os amigos se aventuram em desvendá-lo. Aprendem muito, descobrem a alegria, o amor, a tristeza... e principalmente a sobreviver em meio a predadores e outras ameaças da floresta.

Essa história, escrita em 1923 pelo australiano Felix Salten (1869-1945), foi transformada em animação por Walt Disney e lançada em 1942. Em 2005, foi restaurada.

MOGLI

Mogli é um menino encontrado no bosque por um lobo, que o leva para junto da alcateia. Lá o garoto é criado, alimentado e ensinado sobre os segredos de como sobreviver na floresta.

História contada em O livro da selva, *escrita pelo inglês Rudyard Kipling (1865-1936).*

OS TRÊS PORQUINHOS E O LOBO MAU

Não há quem não conheça essa história dos porquinhos que, se não fosse a esperteza de um deles, teriam virado almoço do Lobo Mau.

É uma história do folclore inglês que ficou conhecida por todas as crianças quando foi transformada em animação por Walt Disney, em 1933. No Brasil, os porquinhos receberam o nome de Cícero, Heitor e Prático.

A BELA ADORMECIDA

A linda princesa, amaldiçoada por uma bruxa por ocasião de seu nascimento, fura o dedo numa roca e cai adormecida por cem anos, e com ela todo o reino. Ao redor do reino, o bosque vai se fechando e se tornando impenetrável e misterioso. Até que o príncipe chega...

Essa é outra história dos irmãos Grimm. Boa parte dos seus contos foi contada por camponeses, parentes e amigos.

ANA MARIA MACHADO

Ana Maria Machado nasceu no Rio de Janeiro, em 1941. Com 8 anos, já lia de tudo: desde histórias em quadrinhos até Monteiro Lobato. E querendo sempre aprender mais, experimentar, buscar, tornou-se uma mulher de muitas atividades. Trabalhou como professora universitária, jornalista, radialista, artista plástica, foi dona de livraria especializada em obras para crianças... Criou suas primeiras histórias para a revista *Recreio*, em 1969. E logo se tornou um dos maiores nomes da literatura infantojuvenil brasileira, com mais de uma centena de livros publicados. Ganhou seu primeiro prêmio, o João de Barro, em 1977, com *História meio ao contrário*. Desde então, tem recebido o reconhecimento da crítica do Brasil e do exterior, com prêmios importantes como o Hans Christian Andersen, da Dinamarca, e o Príncipe Claus, da Holanda. É também a primeira autora infantojuvenil eleita para a Academia Brasileira de Letras. Ana fica superfeliz com as homenagens e prêmios que vive recebendo, mas alegria maior mesmo é saber que crianças brasileiras e de muitos outros países adoram seus livros.

Para saber mais, visite o *site*
www.anamariamachado.com

BRUNO NUNES

Graduado em Design Gráfico, Bruno Nunes trabalha misturando o artesanal e o computador, aliás, todos os seus desenhos surgem primeiro no papel e são finalizados digitalmente. Aprendeu a desenhar com seu irmão mais velho e começou a desenvolver seu traço desenhando para distrair seu priminho que passava as tardes em sua casa. Bruno nasceu em Belo Horizonte, Minas Gerais, em 1979. Mora atualmente na cidade de São Paulo. Além de trabalhar como ilustrador e *designer* para editoras de livros e revistas, tem uma banda chamada Constantina. Bruno gosta tanto de música e desenho que pretende exercer essas atividades até ficar bem velhinho. Sem falar nas viagens que ainda sonha fazer pelos bosques do mundo.